W0368716

Jurij Brězan
Geschichten vom Wasser

Jurij Brězan

Geschichten vom Wasser

Verlag Neues Leben

ILLUSTRATIONEN VON WERNER KLEMKE

ISBN 3-355-00101-5

© Verlag Neues Leben, Berlin 1986
2. Auflage, 1988
Lizenz Nr. 303 (305/169/88)
LSV 7001
Schutzumschlag und Einband: Werner Klemke
Typografie: Gerhard Christian Schulz
Schrift: 12 p Garamond
Gesamtherstellung: Karl-Marx-Werk Pößneck V 15/30
Bestell-Nr. 644 046 6
00790

1

In früheren Jahren habe ich sonntags zwischen Kaffee und Abendbrot ständig zu Hause gehockt. Da kamen Leute zu mir, der eine, weil er auf dem Trockenen saß, der andere, weil er es trockener haben wollte. Ich bin hingegangen, wo sie mich brauchten, habe Wasser gesucht und Hausbrunnen gebaut und viele Kilometer Dränage verlegt. Dabei habe ich immer darauf geachtet, daß kein Wasser unnütz abfließt. Wer Wasser vergeudet, versündigt sich wider die Vernunft. Denn ohne Wasser ginge alles zugrunde, die Menschen, die Tiere und die ganze Welt.

Viele lange Jahre habe ich mit dem Wasser gearbeitet und weiß manches darüber, doch niemals hat mich einer über das Wasser ausgefragt. Jetzt rostet mein Gerät schon längst im Schuppen vor sich hin, meine Haare sind weiß wie trockener Schnee, und gestern hielt ich den Enkel meiner Tochter an der Hand, wir standen auf der Bachbrücke, sahen hinunter, und das Zwerglein fragte: „Urgroßvater, was ist das: Wasser?“

Gestern habe ich mich verstottert wie die Pfefferkuchenhexe, als Hänsel und Gretel sie in den Backofen stießen, aber abends vor dem Einschlafen habe ich im Kopf einen Stichgraben gezogen und kann nun erzählen, was ich über das Wasser weiß. Das Meer lasse ich weg, ich habe es nur einmal gesehen, es war grau und gewaltig und fremd – wie ein Elefant am Nordpol.

Die Leute denken, das Wasser sei schon immer dagewesen. Das stimmt nicht, denn ganz zu Anfang war die Erde trocken wie Kirmeskuchen zu Ostern. Damals, lange vor Adam und Eva, lebten Götter, wo genau, weiß niemand. Unter ihnen gab es bärtige Großväter und runzlige Großmütter, die meisten aber waren jung wie der Neumond. Einer der Greise erfand aus lauter Langeweile die Liebe und schüttete sie, wie aus einem Korb, über die Jungen aus, neugierig, was daraus entstehe. Es entstand, was aus der Liebe immer entsteht, Glück und Leid.

Eine von den jungen Göttinnen, die schönste und zarteste, verliebte sich bis in die tiefste Seele in einen jungen Gott. Der sah zwar aus wie ein Prinz im Märchen, sein Herz aber war ein Taubenschlag mit drei Dutzend Nistkammern.

Jedesmal, wenn er jene junge Göttin liebte, weinte sie vor Glück, und die Tränen waren süß. Jedesmal, wenn er mit einer anderen ins Heu ging oder in den Birkenwald, weinte sie vor Leid, und die Tränen waren salzig.

Aus den süßen Tränen entstanden Bäche und Flüsse, Teiche und Seen, aus den salzigen das Meer und die Ozeane. Und immer dauerte die Liebe, und immer war Glück und immer war Leid, und solange die Liebe dauert, werden Menschen und Tiere Süßwasser zum Trinken haben und Salzwasser – die Salzheringe.

3

Einmal hat sich das Wasser beschwert, daß es tagtäglich gleich herumlaufen müsse. „Die Erde“, sagte es, „ist im Frühling grün, danach prahlt sie mit den buntesten Farben, schließlich betut sie sich braun und grau, mein Kleid aber ist farblos und naß und sonst nichts.“

Die junge Göttin antwortete: „Nun meinetwegen, sei, wie es dir gefällt.“

Das Wasser errötete vor Freude – die Abendsonne sah es –, und seitdem hat es Kleider mehr als eine reiche Braut und trägt alle Farben, am liebsten aber das Blau vom Himmel und das Grün der Smaragde.

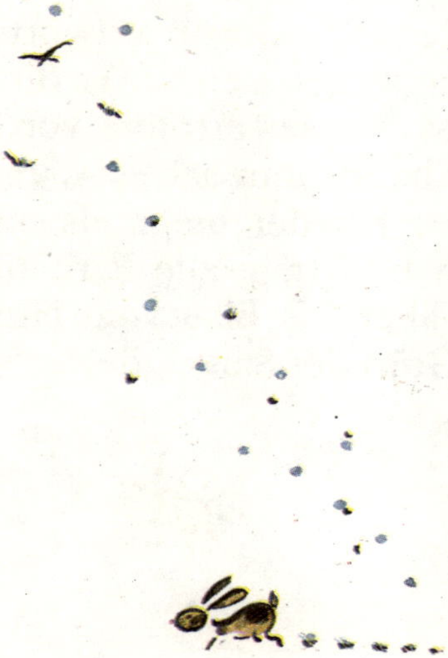

DAS SIND FREILICH KINDERMÄRCHEN, aber wahr ist, daß nur Leute, die ihren Verstand nicht gebrauchen, meinen, das Wasser sei farblos und naß und sonst nichts.

Wenn der Schnee im blauen Frost glitzert, ist er trocken wie Staub – nimm eine Handvoll und blase: Er fliegt auf wie eine Schwalbe aus dem Nest. Und doch ist es Wasser, glänzend weiß und trocken.

Wenn im Winter wenigstens nicht einmal Schnee bis an die Knie liegt, versiegt schon im frühen Sommer mancher Brunnen, das Getreide reift schwach, und sogar die Heidekiefern wipfeln sich braun. Das ist schlimmer, als wenn die Bäume unter der Schneelast brechen. Freilich ist auch das nicht gut, aber anzuschauen ist der weiße Winterpelz sehr schön. Schöner noch ist es, wenn Rauhreif auf Bäumen und

Büschen und sogar auf verdorrten Grashalmen liegt – das funkelt und frinkelt, daß es einem in den Augen brennt. Wie lauter Diamanten, sagen die Leute – ich weiß es nicht, ich habe immer nur Kiesel gefunden und keine Diamanten.

Einmal im Winter habe ich den Wald gesehen – Kinder hätten gedacht, es ist ein Zauberwald mit tausend Silberglocken. Kiefern und Fichten waren so dicht mit Eiszapfen behangen, daß sie im leichten Wind gegeneinanderschlugen und ganz fein klangen.

Solche Eiszapfen hängen ja auch an Dachkanten. Meinem Nachbar Jakub Pinza ist einmal ein mächtiger Brokken auf den Kopf gefallen. Pinza sagt, davon werde einer taumeliger als von neun Schnäpsen. Pinza muß es wissen, er trinkt nie mehr als neun. Wasser trinkt er überhaupt nicht, seit den Kindertagen nicht einen Tropfen, behauptet er. Dafür aber Bier, Schnaps und Kaffee. „Alles Wasser", sage ich, doch das will er nicht wahrhaben. Vielleicht kommt er noch zu Verstand, er ist ja kaum erst achtzig.

Kürzlich habe ich uns beiden einen Kaffee gekocht, einen solchen, der das Herz schont, und mein Nachbar hat getrunken, als käme er gerade aus der Wüste. „Westkaffee ist eben Bestkaffee", hat er genuschelt, und ich habe gesagt: „Was dir so schmeckt, ist Bestwasser aus unserem Brunnen."

Natürlich haben wir eine Wasserleitung, aber unseren Brunnen mit der alten hölzernen Pumpe haben wir auch noch. Seit vielen, vielen Jahren schwengele ich mir jeden Morgen mein Halbliterglas voll und trinke es vor dem Frühstück aus. Wenn ich das noch sieben Jahre durchhalte, tanze ich an meinem hundertsten Geburtstag Walzer mit meiner ältesten Urenkeltochter.

Gutes, klares Wasser – was könnte es für einen alten Mann Besseres geben als die süßen Tränen junger Liebe?

ANFANGS WAR ICH KEIN BRUNNENbauer, ich habe Fleischer gelernt und bin Hausschlächter geblieben, so daß ich mir auch später in Winterszeiten ohne Brunnen und Dränage den Speck zum Brot verdienen konnte.

Bei einem Schlachtfest hat man viel mit Wasser zu tun, Fleisch kochen, Würste kochen, Därme säubern und immer wieder einen Schwapp über den Boden gießen, damit man nicht im Schmutz werkelt. Zuerst aber brüht man das Schwein ab, daß der Dampf nur so steigt. Einmal schlachtete ich irgendwo ein „schwarzes" Schwein, ohne amtlichen Segen also. Das Gelaß war kaum größer als die Hütte für einen Bernhardinerhund, fensterlos und die Tür verrammelt – da wallte der Wasserdampf so dicht um mich herum, daß ich zum Schnauben kaum die eigene Nase fand. Ich hätte mich nicht gewundert, wenn meine Hütte auf einmal mit mir losgefahren wäre wie eine Lokomotive, die vor lauter Kraft nicht länger stillstehen kann. So eine Lokomotive – ein Kessel Wasser, Feuer darunter –, und sie schleppt dir einen Zug, der fünfzigmal so lang ist wie sie. – Ich alter Mann stehe und staune immer noch wie ein kleiner Junge, wie stark verdampftes Wasser ist, und wenn mein Urenkelchen sagt: „Ich will Lokführer werden“, da sage ich: „Ich auch.“ Und da haben wir gleich zwei Lokführer in der Familie.

Es gibt auch Wasserdampf, der zu nichts nütze ist, das Wasser macht sich bloß ein Spiel. Es kommt als kurzer Regen mitten in einen heißen Sommertag, patscht auf die Erde und steigt dampfig gleich wieder auf. Oder es schläft als Tau im Gras, die Morgensonne weckt es, und es schwebt in weißen Schleiern nach oben. Ich stehe immer frühzeitig auf, vor meinem Fenster liegen die Wiesen, und so sehe ich oft, wie Tau und Sonne die Schleier weben. Wenn ich ein Maler wäre, das würde ich malen.

Manche Leute laufen gern barfuß durch tauiges Gras, es soll sehr gesund sein. Vielleicht machen sie das auch nur, weil sie sich die Füße nicht gewaschen haben. Ich habe mir zeitlebens abends die Füße gewaschen. Ein Eimer mit warmem Wasser, die Hosen hochgekrempelt – da stöhnt man vor Wohlbehagen, wenn man den ganzen langen Tag auf den Beinen war.

Der Tau und die Morgensonne bringen zusammen manchmal auch seltsame Dinge zustande. Kürzlich erst habe ich den halben Jakub Pinza – Bauch, Brust und Kopf –

über die Wiese spazieren sehen. Als er dann bei mir am Fenster vorbei seinem Garten zuschlurfte, trug er ein Körbchen Champignons und war wieder der ganze knielahme Jakub.

Ein solcher Morgennebel ist ja ein reiner Spaß, wenn aber der Nebel dick wie Milchsuppe um dich herumsteht, da stellt er ganz andere Gespenster vor dich hin! Jede alte Weide wird ein greuliches Hexenweib und verkleistert dir die Augen, daß du am Ende nicht weißt, ob du den Hintern vorn oder hinten hast.

Ich erzähle meinem Zwerglein, wie ich mich – fast vor dem eigenen Hoftor – einmal in einer Nebelnacht verirrt habe. Der Junge läßt mich nicht ausreden, vom Nebel will er nichts wissen, er will vom Wasser wissen. Er versteht noch nicht, daß Wasser so verschieden aussehen kann.

6

Verschieden kann das Wasser auch auf andere Art sein: leise und laut, sanft und gewalttätig, zornig und listig – ich habe es so erlebt und so. Manchmal treibt es auch seine Späße mit uns, aber für uns ist das nicht immer ein Spaß.

Einmal suchte ich mit der Wünschelrute nach Wasser, tappte hin und tappte her, rechtsherum und linksherum im Dreieck und im Kreis – das Hölzchen in meiner Hand rührte sich nicht. Es stand starr und steif: Hier gibt es kein Wasser. Ich wiederum hatte meine Erfahrung, und die behauptete das Gegenteil. Vielleicht ist meine Wünschelrute rentenreif geworden, dachte ich und schnitt mir eine neue ab von einer Weide, die ihre Füße im Bach badete und im ganzen schief darüber hing. Wasser finden kann man nämlich nur mit einem Holz, das im Herbst sein Laub in fließendes Wasser streut.

Doch auch die frische Rute blieb taub, stumm und blind, ich brummelte ihr zu wie ein Angler einem alten Karpfen – der alte Karpfen biß nicht, und die Rute zog nicht. Plötzlich aber flog mir das Holz beinahe aus den Händen. „Na also", sagte ich und fing an zu schachten.

Am zweiten Tag brauchte ich die kurze Leiter, am sechsten Tag die lange, und am achten hatte ich Angst, daß ich den Teufel aus der Hölle ausgrabe, und mein Brunnenloch war immer noch trocken wie Heidesand im Juli. Gegen Feierabend zünde ich mir eine Pfeife an und schachte weiter. Die Pfeife will nicht recht, ich ramme das Grabscheit in den Grund – und das Wasser fährt mit solcher Gewalt heraus, daß es mir die Pfeife aus den

Zähnen reißt. Der Wasserstrahl stand dann einen guten Meter über dem Erdboden – und obendrauf tanzte meine Pfeife.

Einmal im Spätherbst war weit und breit alles Land überschwemmt, und unser Bach, sonst ganz friedlich und freundlich, tobte geifernd und braun vor Zorn, riß Büsche und Bäume aus, wälzte sich schäumend unter hohen Brücken hindurch, über niedrige Stege hinweg und versuchte, auch sie einzureißen. Ich war zum Hausschlachten in einem Dorf im Niederland gewesen, und auf dem Heimweg sah ich unweit der Straße auf einer Wiese ein hölzernes Zaunfeld schwimmen. Irgend jemand wird es suchen, dachte ich, und da ich hochschäftige Stiefel anhatte, stieg ich ins Wasser und quälte mich mit dem verirrten Ding herum, bis es, gezogen und geschoben, am Straßenrand an einem Apfelbaum abgestellt war. Hier wird der Besitzer es schon finden, sagte ich mir und fuhr weiter. Doch der

Zaun stak mir im Kopf, irgend etwas war an ihm, irgend etwas Bekanntes, aber ich konnte und konnte mich nicht erinnern, woher ich das aus dem Wasser gefischte Ding kannte.

Ich kam heim, und meine Frau sagte: „Der Bach hat unseren Gartenzaun mitgerissen."

Da fuhr das Ding aus meinem Kopf heraus, und meine Frau wunderte sich sehr, daß ich den Hund und mich vor den Wagen spannte, weil ich wußte, an welchem Apfelbaum mein Zaun lehnte.

Einige Schleifen bachaufwärts liegt ein größeres Dorf, oberhalb des Dorfes ein Wehr und unterhalb – schon ein wenig abseits – eine Mühle. Und im Dorf gibt es eine Schule und an der Schule gab es – vor einem Sack voll Jahren – eine junge Lehrerin, sehr hübsch anzusehen von allen vier Seiten, und vielleicht darum war ihr nicht alles recht, was allen recht schien, und vor allem nicht jeder. Die jungen Männer machten Kuchenaugen, wenn sie kam, und wenn sie ging, lief mancher hinterher, doch sie hatte im Rücken keine Augen – und den Kopf drehte sie nicht herum.

Am eifrigsten versuchte es der Müller, ihr auf Nasenlänge nahe zu kommen. Er war mit dreißig noch Junggeselle, weil er kein leinenhemdiges Dorfmädchen wollte, sondern partout eine Seidenhemdige. Gerade um ihn aber kümmerte sich die junge Lehrerin am wenigsten, kann sein auch, weil er seinen Geldbeutel nicht weniger fest zuschnürte als die Mehlsäcke. Und so ein Zugeschnürter – dachte sie vielleicht – kauft einer, wenn er sie erst einmal unter der Bettdecke hat, kein Seidenhemd.

Die hübsche Lehrerin war auch im ganzen ein wenig undörflich, so ging sie zum Beispiel an Sommerabenden oft zum Wehr, hängte dort gleich unterhalb ihr bißchen Zeug ordentlich auf einen Busch und schwamm im Wehrstau herum. Einmal – vielleicht der Wind, vielleicht nicht der Wind – fiel ihr Zeug in den Bach, und als sie aus dem Wasser stieg – Seidenhaut und nichts darüber –, fand sie kein Fetzchen mehr vor.

Bachabwärts sah der Müller, wie jeden Abend vor dem Schlafengehen,

nach dem Wasser. Da schwamm irgendwelches Stoffzeug heran. Ganz unnütz ist nichts, dachte der Müller, zu Scheuerlappen taugt alles. Er angelte das Zeug aus dem Bach und hängte es ordentlich am Zaun auf.

Niemand hat gesehen, wie sich die Lehrerin heimstahl, aber nachdem der erste Mehl- oder Kleiekunde frühmorgens ihre Sachen am Mühlenzaun entdeckt hatte, pilgerte das ganze Dorf zur Mühle, nach Mehl oder Kleie, und der Müller, ob er nun wußte oder nicht wußte, ließ hängen, was hing, und kriegte so sehr bald zum Seidenhemd am Zaun die Seidenhaut unter die Decke.

Und es ist gut gegangen mit beiden, ihr Mahlwerk paßte eines zum anderen, und drei Müllerburschen und vier junge Lehrerinnen rieselten nacheinander in die Mühlenwiege.

Unser Bach und ich – wir kennen uns durch alle meine Jahre. Hier bin ich geboren, und hier bin ich fast so oft ins Wasser gefallen wie Jakub Pinza in den Schnaps; hier bin ich nach Mädchen gegangen, bachaufwärts, bachabwärts, wo gerade die schönsten wuchsen, und zur Frau habe ich mir schließlich drei Dörfer weiter unten eine ausgesucht.

Der Bach fließt hinter meinem Gartenzaun, mit seinem Wasser haben wir Salat und Dahlien gegossen und das Vieh getränkt, im Bach haben wir Wäsche gespült, Bottiche gewässert und Weidenruten geschmeidig werden lassen. Ich kenne den Bach still und friedlich, rauschend und wild, dünn und müde vom langen trockenen Sommer, ich weiß, wie er sich dort, wo das Wasser langsam fließt, von den Rändern her mit Eis bezieht, und wenn er rauhe Schollen mit sich führt oder gar graue, seltsam gewölbte Eisbrücken baut – dann muß man aufpassen, daß einem die Ohren nicht vom Kopf wegfrieren.

Früher – vor langer, langer Zeit – habe ich auch gewußt, unter welcher Weide, in welcher stillen Bucht Stichlinge stehen oder Forellen, hinter welchen Steinen sich Krebse verstekken. Die Fische haben wir mit dem Drahtauge gefangen und die Krebse mit der Hand. Heute würde nicht einmal der dümmste Junge seine Angel in den Bach hängen. Ich habe die Spree unter der hohen Brücke in der Stadt gesehen, weißlicher giftiger Schaum – wie könnten Fische darin leben?

Trotzdem hocken an manchen Stellen die Angler wie Schwalben auf Telefondrähten, einer am anderen, da

muß man sich schon wundern. Der Junge unserer Nachbarsleute, zwölf ist das Bürschlein, sitzt halbe Tage lang angelnd an Ufern alter, ertränkter Steinbrüche, ehemaliger Lehm- oder Sandgruben, das sind die Wasseraugen der Landschaft geworden – und er hält seine Angelrute nicht umsonst ins Wasser. Er fängt Karpfen, Schleien, Hechte. Am Knappensee, hat er mir erzählt, hat kürzlich einer einen sechspfündigen Zander aus dem Wasser gezogen – ich glaube ja Jägern die Hälfte und Anglern die Hälfte von der Hälfte.

An diesem Knappensee hat mein ältester Enkel eine größere Laube, sie sagen „Bungalow“ zu der Zweiraumvilla. Ich war ein paarmal dort, einmal auch über Nacht. Es hat mir gefallen, sehr hat es mir gefallen. Am Tag sieht man Boote und Kähne, ganz einfache und ganz noble, viele Leute baden, dicke Bierbäuche und Mädchen mit einem Schnürsenkel um die Brust und einem viertel Taschentuch weiter unten, ich gucke da nicht weg. Abends schaukelt die Sonne im See. Wenn es dunkel wird, blinzelt da und dort ein Feuerchen, zum Kochen oder wegen der Mücken oder weil man dabei still sein kann, ein kleines Lied singen vielleicht, und der Mond schwimmt im Wasser – es ist ein schönes Stückchen Land und war doch einmal ein leeres schwarzes Loch.

Die schwarzen Löcher habe ich auch gesehen und auch das schwarze Wasser, das sie dort der Erde aus dem Bauch pumpen. Mein Enkel hat mir erzählt, warum das nötig ist, ich habe genickt und genickt, aber leid hat mir die Erde doch getan: als ob wir sie lebendig ausschlachteten. Freilich, wenn sie ihr nicht das Wasser aus den Adern saugten, würden die Bergleute nichts als dreckigen Schlamm abbauen, und wir würden in kalte Öfen gucken.

10

Dort, in unserer Heide, habe ich mich früher einmal gut ausgekannt, es ist so lange her, daß ich schon nicht mehr weiß, wem der Rock gehört hat, dessentwegen ich oft dahin gefahren bin. Aber ich erinnere mich noch, daß die Eltern des Mädchens einen Brunnen hatten, einen gänzlich anderen, als wir ihn hier kennen, und so tief, wie ich nie einen gegraben habe. Und das Wasser war eiskalt und klar wie der Vollmond.

Unweit von jenem Dorf lag mitten im Wald ein Teich, ein rundes schwarzes Auge, bewimpert mit Ried und Schilf. Man sagt, der Teich liege noch dort, schwarzes Auge der grünen Heide.

Hier an unseren Teichen ist eigentlich überhaupt nichts Geheimnisvolles. Die Dorfteiche sind sommers für die Gänse da und für die Feuerwehr, und im Winter spielen die Jungen dort Eishockey – in den Ferien von früh bis spät –, rennen wie verrückt und schreien sich heiser, ganz wie die Großen, bloß daß sie sich nicht prügeln, wie ich es manchmal im Fernseher gesehen habe.

Und unsere Waldteiche wieder sind für die Fische da, die Wildenten und Bleßhühner. Ich sitze fürs Leben gern am Ufer eines solchen Teiches, den ganzen Tag kann ich da hocken und schauen. Rehe kommen ans Ufer, Libellen jagen über dem Wasser, Mücken spielen, im Ufergebüsch und auch im Schilf nisten Singvögel, der Herr Schwan und seine Frau führen ihre braungrauen Jungen aus, manchmal fällt wie ein Stein der Rote Milan herab und schlägt eine Ente, und ganz hinten, am anderen Ufer, stehen vor der grünen Schilfwand grausilbrige Fischreiher, starr, als wären sie aus Holz. Die Fischer behaupten, ein Reiher verschlingt so viel Fisch, wie eine Familie das Jahr über auf dem Tisch hat.

Ein anderer meiner Enkel pachtet einen Teich, wo er Schleien und Karpfen zieht. Das Abfischen ist für uns wie eine kleine Kirmes – es geht fröhlicher dabei zu als an den Riesenteichen bei Peitz, wo sie mit einem Netzzug so viel Karpfen herausholen, daß man eine kleine Stadt damit abfüttern könnte. Ob wir viel herausholen oder wenig, daran habe auch ich meinen Anteil. Meine Aufgabe nämlich ist es, die Reiher zu verjagen. Meistens habe ich ein Bürschlein bei mir, wir sitzen dann und gucken, und ich lasse den beiden Reihern, die immer dahin kommen und mich schon kennen, ihre Mahlzeit. Ein schlechtes Gewissen habe ich freilich, weil ich sie fressen lasse, aber wenn ich sie verjagte, hätte ich ein anderes schlechtes Gewissen.

Manchmal schreit mein Bürschlein auf: „Urgroßvater, der frißt schon wieder einen!“ Ich gucke durchs Fernglas hin und schwindele: „Er hat eine dicke Libelle gefangen.“

Der Reiher nickt mir zu, er weiß, daß ich seinetwegen lieber fünf fette Karpfen weniger esse. Solch ein Teich mitten im Wald ist ja nicht nur dafür da, daß man seinen Kochtopf füllt, sondern auch, daß man seine Freude hat an allem ringsum.

Es kommt freilich vor, daß die Freude eine schiefe Sache wird. Im letzten Jahr haben wir den Teich abgelassen, und damit nachts niemand die Karpfen ohne Geld einkauft, ist die halbe Familie zur Wache eingeteilt worden. In der zweiten Nacht hockte dort unter dem Schilfdach eine meiner Töchter, zwar auch schon im Reisealter, wie die Leute jetzt die Rentenjahre nennen, aber zwei hiefrigen Dieben – mit jeder Hand einen am Kragen – hätte sie immer noch den passenden Paragraphen und das richtige Gebot aus der Bibel eingeprügelt.

Leider aber war sie trotz der Rente müde und schlief ein. Sie erwachte, als jemand sie anstieß – eine Wildsau, für Schreckaugen groß wie ein halber Elefant. Doch so, wie die Wächterin aufschrak, so sprang auch gleich der rechte Zorn in sie hinein, und sie fuhr auf die arme Wildsau los, als wäre die ihr schnapstaumeliger Mann, und die arme Sau, überhaupt nicht gewohnt, so angeschrien, geprügelt und mit Füßen gestoßen zu werden, schnaufte entsetzt und verschwand im Schweinsgalopp.

Man sagt ja, daß es in unseren Wäldern heute mehr Wildschweine als Steinpilze gibt, und das wird wohl stimmen. Jedenfalls findet man an den Teichufern, wo früher immer Steinpilze wuchsen, heute höchstens einen in fünf Jahren. Dafür wachsen dort Fliegenpilze, daß man halb Australien vergiften könnte, wenn es nicht so weit bis dorthin wäre. Aber giftig oder nicht giftig: Ein gut ausgewachsener Fliegenpilz, wenn er so rotweiß im Grünen steht und dahinter das Sonnenblau des Teiches – das sieht aus wie ein kleines schönes Märchen. Wenn es kein Wasser gäbe, wüßte der Himmel nicht, worin er sich spiegeln sollte, und blau wären dann bloß blaue Flecke, blaue Augen und Jakub Pinza samstagabends.

11

VOR EINIGEN TAGEN SCHLICH SICH meine jüngste Enkelin – sie ist gerade siebzehn – zu mir und weinte Bäche voll Liebeskummer in meine Kammer.

Gestern war sie wieder da, es sei nun alles gut, und weil nun alles gut war, war sie so glücklich, daß sie wieder weinen mußte.

Ich sagte: „Mädchen, wo nimmst du bloß das viele Augenwasser her?“

Sie sagte: „Wenn es aus Freude ist, habe ich einen ganzen See in mir.“

Als ich ein kleiner Junge war und unsere Dorfstraße noch ein sandiger Weg, hatte ich ein Lieblingsspiel, das ich „Regenspiel" nannte, weil man es nur nach einem Sommerregen spielen konnte.

Der Weg fiel ganz mählich ab, einen Katzentritt von oben nach unten, und das Regenwasser floß wie ein richtiger Bach, in Windungen und Schleifen, dahin. Ich versperrte dem Bächlein den Weg mit einem Damm aus nassem Sand, und ein Stausee entstand. Der Stausee begann meinen Damm zu durchlöchern und wollte ihn wegschwemmen, und ich verstopfte die Einbrüche mit Baumrinde, mit Kieseln und mit immer neuen Händen nassen Sands – kein Spiel war aufregender als das. Dabei wußte ich, daß ich am Ende nichts gegen das Wasser ausrichte. Je breiter und höher ich meinen Damm baute, desto größer wurde mein Stausee, und je größer, desto stärker, und schließlich zerriß er meinen Damm und schwemmte ihn hinweg, und ich stand da und staunte über die Kraft des weichen, nachgiebigen Wassers.

Nahe bei unserem Dorfbrunnen, aus dem man schöpfen konnte, soviel man wollte, und der Wasserspiegel fiel doch um keinen Zentimeter, hatten wir ein anderes, eigentlich aber ganz ähnliches Spiel. Vom Überlauf des Brunnens rann ein Zwergenbächlein, und in seinem winzigen Bett quoll aus tausend sandkorngroßen Spalten Quellwasser heraus. Wir zerstörten die Spalten und schütteten Sand darüber, soviel wir heranschaffen konnten. Es dauerte ein Weilchen, dann begann sich der Sand zu bewegen wie Ameisen an ihrem Bau,

die Sandkörnchen rollten auf die Seite, und in Plusterbläschen quoll das Wasser wieder heraus – als hätten wir nichts dagegen getan.

Einmal schleppten wir Ziegel herbei, verlegten sie dicht an dicht über dem Quell und stellten uns darauf. Nun kann das Wasser bestimmt nicht mehr heraus, sagten wir. Das Wasser brach neue winzige Spalten auf und quoll weiter aus der Erde.

13

Man kann das Wasser nicht vergewaltigen, aber man kann sich mit ihm einigen.

Von allein – zum Beispiel – fließt es nicht bergauf, aber wenn man ihm mit einer Pumpe hilft, braucht sich auch der Türmer auf dem höchsten Kirchturm nicht mit trockener Luft zu waschen. Oder: Man will zur Vorsorge für wasserarme Zeiten gern einen See haben, vielleicht gleich am Rande der Stadt, wo der Fluß zwischen Felswänden ins offene Land kommt. Da verständigt man sich eben mit dem Fluß, wieviel fließendes Wasser er hier stehenlassen will, gibt ihm die Möglichkeit, auch hinter dem Stau zwischen den vertrauten Ufern derselbe Fluß zu sein, baut nun einen Damm aus Eisen und Beton – und der Fluß wird sich, ganz zufrieden mit der Neuerung, im See baden, und der Staudamm wird tausend Jahre halten oder wenigstens hundert.

Mit dem Wasser – das ist eine Frage der Verständigung, das hat früher jeder Ein-Sack-Müller gewußt, wenn er für trockene Wochen ein Wehr baute und fürs große Wasser dem Bach außer dem Mühlgraben sein altes Bett frei hielt.

Aber heute machen sie aus dem Wasser wie aus allem eine hohe Wissenschaft, die Kinder lernen H_2O, und einer meiner Enkel mußte vier lange Jahre studieren, damit er das machen kann, was ich zeitlebens gemacht habe: nasse Fluren entwässern.

Ich habe ihn einmal in seinem Betrieb besucht. Sie haben dort Maschinen und Ingenieure und Plastrohre und Telefone und Sitzungen und Transparente – kostet alles Geld.

Wenn sie nicht gerade aus einer Moorwiese die Wüste Sahara machen, geht es ja. Auf einer Moorwiese soll Weizen wachsen, und die Frösche sollen trotzdem noch ihre Pfütze haben, die Störche die Frösche und wir die Störche.

Störche und Wasser, das gehört zueinander wie Wasser und Wachsen. Auf unseren Sandböden muß man da nachhelfen, wir pumpen Wasser aus dem Bach, und unter blauem Himmel regnet es auf die Kartoffeln. Als Jakub Pinza und ich das erstemal zusahen, wie sie die Anlage aufstellten, fragte Pinza: „Was wird denn das?“ Und ich sagte: „Das wird eine blecherne Regenwolke.“

Der Mensch hilft sich, wie er kann. Aber ehrlich gesagt, besser als der Regen aus der Blechwolke ist der Regen aus den Himmelswolken.

Freilich, Regen ist auch da nicht gleich Regen.

Wenn es wie aus Kannen gießt, schlägt es die Feldfrüchte zu Boden, und das Wasser fließt fast nutzlos ab.

Wenn es nur feuchtelt und tröpfelt, wird Staub gewischt, und die Wurzeln bleiben trocken.

Wenn der Regen auf dem Teich Blasen schlägt, hört er schneller auf, als daß ich eine Pfeife zu Ende rauche: Die Sonne scheint, die Wolke weint – da trinkt sich nicht ein Sperling satt.

Ein guter Regen fällt wie der Tau, weich und mild und ohne Schwere. An den Halmen reifenden Getreides laufen die Tropfen nach unten, die Halme brechen nicht und legen sich nicht nieder, die ganze Natur atmet ruhig, in einem Atem alles, was wächst, und der Regen, der fällt.

Einem solchen Regen sehe ich gern zu. Ich weiß, wie gut er ist.

Ein Wolkenbauch voll guten Regens ist mehr wert als ein Hopfensack voll Geld.

Ich ging noch zur Schule – vielleicht das letzte Jahr –, als ich mich einmal mit einem Freund aufmachte, um herauszufinden, wo unser Bach herkommt.

Wir liefen den halben Tag lang bachaufwärts, ließen dabei manche Schleife aus, und bald war der Bach ein Bächlein, dann ein Graben, schließlich ein Rinnsal und ganz zum Schluß ein nasser Fleck, feuchtes Moos und feuchte Steine.

Wir standen da und waren enttäuscht. Ich denke, wir haben unseren Bach sogar ein wenig verachtet, weil er an seinem Anfang nichts war als ein bißchen Getümpel.

Jahre später fuhr ich mit dem Fahrrad spreeaufwärts. Ich sah den Fluß, wie er eilte und wie er weilte, er rauschte über Steinblöcke und schäumte, rann ruhig zwischen Wiesen dahin, in den Ortschaften hatte er ein festes Bett, darin schien er manchmal zu schlafen, und dann rannte er wieder, als hätte er verschlafen, er mußte zur Arbeit in die Fabriken und mußte das Vieh tränken auf den Weiden. Er wurde kleiner von Dorf zu Dorf, schließlich las ich die in den Stein gemeißelte Inschrift „Spreequelle" – und kaum daß ein Tropfen herauströpfelte. Als ob die Spree versiegt wäre.

Wieder habe ich dagestanden, als ob ich die Mark gesucht und den Pfennig gefunden hätte. Aber selbst wenn dort aus dem Fels ein dünnes Rinnsal hervorgequollen wäre, ich hätte mir nicht vorstellen können, daß daraus der Fluß wird, den ich beim Alten Wasserturm in Bautzen habe wild toben sehen, und schon gar nicht, daß das der Vater

der vielen Wasser des Spreewaldes ist.

Wenn ich jetzt, ein alter Mann, wieder dort stünde, würde ich anders denken: ein feuchter Moosfleck hier, ein winziges Gerinnsel da – unansehnlich, übersehbar und am Ende doch ein breiter Strom, der große Schiffe trägt.

Ich würde sagen: Viele kleine Quellen füllen den Fluß. Oder auch: Der Fluß sagt, ich bin der Fluß. Vom Tropfen, der er einmal war, spricht er nicht.

Wenn einer alt genug ist und ein bißchen weiter denkt als Jakub Pinza, kann er, auf der Bachbrücke stehend, die Quellen sehen und die Mündung und dazwischen ruhigen Lauf und rauschendes Strömen, harte, steinerne Ufer und weiche Wiesenufer und tausend Windungen und Schleifen.

DER FLUSS, IN TAUSEND SCHLEIFEN UND Windungen oder auch in tausend Fließen und Gräben durchs Land strömend, bleibt derselbe Fluß – früher sagten die Leute: Mückenparadies, oder auch: Gurkenland, und schlechte Leute hatten auch böse Worte dafür, für den Spreewald.

Er ist ein Paradies.

Einmal haben wir – das ganze Dorf – einen Ausflug in den Spreewald gemacht, und die beiden Urgroßväter – Jakub Pinza und ich – sind auch mitgefahren. Das Wetter war sehr schön, solche Tage gibt es nur zwischen dem letzten Heu und dem ersten Korn. In Cottbus haben wir gefrühstückt, dort sieht die Spree aus, als käme sie geradewegs aus Schwarzkollm und hätte keine Zeit gehabt, sich unterwegs zu waschen. Trotzdem haben Angler ihre Haken im Wasser gebadet. Ich habe gesagt: „Wenn hier Fische leben, will ich Abraham heißen.“ Und Jakub Pinza hat gemeint: „Wenn aber doch Fische, dann braucht man kein Fett in die Pfanne, weil die Fische von außen und innen geölt genug sind.“

Unterwegs haben wir ein Kraftwerk angesehen, freilich bloß von draußen. Man hat uns erklärt, daß ein solches Kraftwerk die halbe Spree leer säuft, für seine Kühltürme nämlich. Über den Betontürmen steht dauernd weißer Dampf, und unten läuft das Wasser so warm weiter, daß die Fische – wenn da welche wären – denken würden, sie seien in Afrika. Nutzlos aber lassen sie das warme Wasser nicht davonströmen, sie heizen damit alles mögliche, vor allem riesige Gewächshäuser. „Die Leute sind nicht dumm“, hat Jakub Pinza gesagt, und ich habe genickt und gesagt: „Nein, alle nicht." Er hat nämlich gedacht, daß man in diesen gläsernen Gärtnereien auch Apfelsinen und Bananen vom Baum essen könnte.

In Lübbenau haben wir unseren Kahn bestiegen, die Frauen haben gekreischt wie Wildgänse im Frühling. Jakub und ich, wir haben uns ganz vorn hingesetzt, da braucht man niemandem auf den Hut zu starren und sieht alles als erster, auch die jungen Mädchen auf den hölzernen Brücken. Es gab sehr viele Brücken und sehr viele Mädchen. Leider haben wir beide deswegen dem Schiffer nicht recht zugehört, als er den ganzen Spreewald auswendig erklärt hat, auch, wieso nicht alle Wasserwege auf derselben Ebene liegen. Manchmal nämlich hat man unseren Kahn in einer Wasserkammer hochgehoben, manchmal heruntergelassen, alles war gut ausgedacht.

Die Kanäle und die Fließe waren einmal breit und einmal eng, vor allem aber waren es so viele, daß Jakub Pinza beim Mittagessen gegen die Unmengen von Wasser schnell drei Schnäpse hat trinken müssen. Dabei ist ihm das Meer eingefallen, und er hat sich vorgestellt, daß er anstatt mit einem Kahn durch den Spreewald mit einem Schiff übers Meer fahren müßte, tagelang Wasser, nichts als Wasser. Da hat es ihn so gegraust, daß ich gleich nach einem vierten Schnaps für ihn gerufen habe.

Nach dem Essen sind wir weitergefahren, schöne Wiesen, Weiden, Gehöfte, Wälder – und immer wieder Brücken –, wir sind anderen Kähnen voller Menschen begegnet, Ausflüglern und Leuten, die dort daheim sind, in einem Kahn eine Großmutter und zwei Schafe, auf einem anderen ein Traktor. Einer Hochzeitsgesellschaft auf Kähnen sind wir nicht begegnet und auch keinem Trauerzug mit Sarg. „Aber das gibt es wirklich“, hat unser Schiffer gesagt.

Am Ende sind wir ausgestiegen, wo wir eingestiegen waren, und ich habe überlegt, ob ich wohl eine Landschaft kenne, die schöner wäre als der Spreewald. Und dann habe ich gedacht: Wie schafft die Spree das, daß sie am Ende alle ihre weit auseinandergelaufenen Wasser wieder zusammen ins richtige Bett bringt?

Und nachts habe ich einen schrecklichen Alptraum gehabt: Ich saß allein und verlassen in einem winzigen Plastboot, fuhr und fuhr im Spreewald herum, schweißnaß vor Angst, wußte ich, daß ich mich verirrt habe und nie wieder aus den dunklen Wäldern und leeren, unendlichen Wiesen zurückfinde zu Menschen auf trockenem Land.

Morgens wachte ich Gott sei Dank in der eigenen Kammer auf, setzte die Füße vors Bett, ging zum Brunnen und trank mich satt am eigenen guten Wasser. Dann holte ich die bunte Landkarte vom Spreewald heraus und sah, daß mein Traum überhaupt nicht so dumm war: Wenn einer nämlich im Spreewald alles, was dort schön ist, sehen will, kann es passieren, daß ihm der Bart bis zu den Knien wächst, bevor er alle Kanäle, Fließe und Gräben durchfahren und unter allen Brücken und Stegen allen Mädchen und Frauen oben zugewinkt hat.

16

Wir stehen auf unserer Brücke, mein Urenkel und ich, und schauen hinunter auf den Bach. Ich habe dem Jungen alles erzählt, was ich über das Wasser weiß und was das Zwerglein verstehen kann. Gedacht habe ich weiter und weiter, meine Gedanken sind geflossen im Flußbett meiner Jahre, und an den Ufern war mein Dorf und wohl auch die Welt, Länder, wo Menschen und Vieh und alles, was wächst, dürstet und verdurstet, und es tut mir leid um die Menschen, die Tiere und die Pflanzen: Ohne Wasser kümmert alles und geht zugrunde.

Und ich denke: Wie gut für uns, daß wir unsere Bäche und Flüsse, unsere Teiche und Seen haben und daß der Regen unsere Fluren und Wälder tränkt und unsere Quellen nicht versiegen läßt.

Ich nehme mein Zwerglein an die Hand, wir gehen heim. Ich hole einen Topf voll Wasser aus unserem Brunnen, trinke und lasse den Jungen trinken, mag das gute Wasser uns beiden einen Tropfen Gesundheit bringen.

Und daß er, wenn er einmal meine Jahre hat, mit seinem Urenkel zum Brunnen gehen und ebenso gutes Wasser trinken kann.

Dann – vielleicht – wird es in unserem Bach wieder Barsche geben und Stichlinge, weiter aufwärts sogar Forellen und unter den Steinen Krebse. Und Wasser genug für alle in allen Ländern. Bloß, vernünftig müssen die Menschen sein.